〝子どもに〟ではなく〝子どもと〟

—コルチャック先生の子育て・教育メッセージ—

塚本　智宏

目次

コルチャック先生について

ヤヌシュ・コルチャック（Janusz Korczak 一八七八年－一九四二年）

本名　ヘンルィク・ゴールドシュミット。

一八九〇年代末から一九二〇－三〇年代のポーランドにおいて、小児科医、孤児院院長、また作家として活躍したユダヤ系ポーランド人。

〝私は、この不思議で、生命に満ちあふれ、予期し得ぬ点で最高の輝きをもつ子どもというものについて、現代の学問が知らない、そういう独創的なものを理解し、愛することを教えたい。〟

『子どもをいかに愛するか』１９１８

その生涯において〝子ども〟を探究し、その人間としての価値を探究した人物。

一九三九年のナチス・ドイツ軍のポーランド侵攻により孤児院はゲットーへ強制移動。何度かコルチャックに対する救命の誘いがあったがこれを拒み、一九四二年八月六日、彼の孤児院の子どもたちと共に、絶滅収容所トレブリンカに向かい、ホロコーストの犠牲となる。

はじめに

本書は、子育てや教育、福祉の世界で、日々子どもの近くにいて
子どものために悩み、奔走している人たちに、
また、これからその現場に出て行こうとしている若者たちに、
そしてコルチャックのように子どもの人間としての願いや望み、
要求のために働いているすべての大人たちに、
ぜひ読んで欲しいコルチャックの言葉を
メッセージにして集めてみたものです

以前に二度（二〇〇八年と二〇一二年）、本書とほぼ同じ内容のものを、
コルチャック関連のイベント開催にあわせてつくり、お配りしてきましたが、
市販できる形に整えて出版することにしました。

東海大学札幌キャンパス　教授
塚本智宏

［凡例］

・本メッセージ集は、コルチャックの著作から抜粋したものです
・内容にそって7つの章題に分け、それぞれに関連した文章を集めました
・メッセージVは主として家庭の親向けに、Ⅶは主に問題を抱えた子どもに関して書かれたものです
・章題と見出し、各章題のはじめに付した解題は、編者によるものです
・各引用文章末に略記した出典は次頁のとおりです
・ポーランド語原典出典について

「十九世紀隣人愛思想の発展」（1899）、「子どもと教育」（1900）、「理論か実践か」（1925）、「子どもによる教育者の教育」（1926）、「感性」（1927）、『おもしろ教育学』（1939）は、左記の①及び②、『子どもをいかに愛するか』、『教育の瞬間』、『子どもの尊重される権利』は、①及び③、『春と子ども』については④、『王様マチウシ1世』については⑤、『もう1度子どもになれたら』は⑥によって翻訳している。

① Януш Корчак , Как любить детей, Москва ,1990.
② Janusz Korczak,Pisma wybrane Ⅱ,1978, Warszawa.
③ Janusz Korczak,Dziela,Tom Ⅶ, 1993,Warszawa.
④ Mysl pedagogiczna Janusza Korczaka,Nowe zrodla,Wybor Maria Falkowska (Janusz Korczak.Zrodla i Studia,Red.A.Lewin,TomII),1983,Warszawa.
⑤ Janusz Korczak,Dziela,Tom Ⅷ, 1992, Warszawa.
⑥ Janusz Korczak,Pisma wybrane,Ⅲ,1985, Warszawa.

［コルチャック引用文献・論文とその略記］

1 『隣人愛』１８９９＝論文「十九世紀隣人愛思想の発展」
2 「子どもと教育」（論文）１９００
3 『愛』家 １９１８＝『子どもをいかに愛するか』家庭の子ども編
4 『愛』寄 １９２０＝『子どもをいかに愛するか』寄宿舎編
5 『愛』夏 １９２０＝『子どもをいかに愛するか』夏季コロニー編
6 『愛』孤 １９２０＝『子どもをいかに愛するか』孤児の家編
7 『春と子ども』１９２１
8 『マチウシ』１９２２＝『王様マチウシ一世』
9 『教育の瞬間』１９２４（１９１９）
10 『もう一度』１９２５＝『もう一度子どもになれたら』
11 「理論か実践か」（論文）１９２５
12 「子どもによる教育者の教育」（論文）１９２６
13 「感性」（論文）１９２７
14 『尊重』１９２９＝『子どもの尊重される権利』
15 『おもしろ教育学』１９３９

ヤヌシュ・コルチャック　1934年

メッセージⅠ

子どものなかに人間を見ること

コルチャック先生の子ども（すなわち「未知なるもの」）に関する捉え方のなかに、中心にすえられた思想があります。それは、「子どもはすでに人間」という考え方です。これから人間になるのではなく、すでに人間だということです。コルチャックはこの思想を、自身の実践・経験と研究とによって次第に豊かにしていきました。

この言葉を使い出したのはちょうど世紀の変わり目の一八九九年、彼がちょうど二〇歳を過ぎた頃です。それから三〇年、小児科のお医者さん、そして孤児院の院長を主な仕事として働きながら、作家・教育家・医者としてたくさんの本や作品を書き残しました。

その最晩年の作品で、自分がやり続けてきた子ども研究の姿勢について、次のように書いています。「好意的に、確信をもって、子どものなかに人間を見ることだ」と。そして彼の見るところ、子どもというものは、私たち大人と等しく、人間的な価値をもっているものだということです。こう述べたのは一九三九年、ナチス・ドイツがポーランドに侵攻し、「生きるに値する人間の価値」とは何かという狂気の思考から行動する医者たちを伴って、ホロコーストの歴史を開始した年です。*

＊本章に関連するコルチャックの思想の形成と生涯の詳細については以下の論文を参照してください。
拙稿「ヤヌシュ・コルチャックの子ども・教育思想の歴史的形成（１８９０－１９２０年代）」『名寄市立大紀要』５（４）２０１１年

子どもはだんだんと人間になるのではなく、すでに人間なのだ。

『隣人愛』１８９９

乳児というのは、それ自身、生まれつきの気質と、知性の諸力と、心身の感覚と、生きた経験から成り立っている、ある人格、厳密にいえば、一個の人格なのだ。

『愛』家　１９１８

子どもが、ではない。
そこにいるのは、知識の量、経験の蓄積、欲望、感情の動きが異なる人間だ。
私たちが子どもたちを知らない、ということを覚えておくべきだ。

『愛』寄　１９２０

子どもと青年とは、第三の人間性であり、子ども時代は人生（生活）の第三の部分をなす。
子どもはだんだんと人間になるのではなく、すでに人間なのだ。

『春と子ども』１９２１

私が観察したのは、ヘルツィア*ではなく、自然と人間の法則だ。

『教育の瞬間』１９２４

＊ヘルツィアは子どもの名前

人間を認識すること、つまり、まず何より子どもを千通りの方法で研究することだ。
別の方法があるのか、私の方法はそれに劣るだろうか。
いや、やはり私はこれでやる。
学問的にではなく、家庭でやるやり方で、観察する、肉眼で。

「感性」１９２７

……百人の子どもは百人の人間だ。それは、いつか、どこかに現れる人間ではない。
まだ見ぬ人間ではなく、明日の人間ではなく、すでに今、人間なのだ。
小さな世界ではなく、世界そのものなのだ。
小さな人間ではなく、偉大な人間。
〝純粋無垢の〟人間ではなく、
人間としての価値、長所、個性、志向、希望を確かに持った存在なのだ。

『愛』寄　１９２０

「私はおまえを人間にしよう」といって近づいたのでは見えてこない。
「おまえは何になるんだい？　人間かい？」と、探るように近づき、見えてくるもの。

『愛』家　１９１８

……そのとき初めて、教育者はそれぞれの子どもを理性的な愛情で愛するようになり、
子どもの精神的本質、要求、運命に関心を持つようになる。
子どもに近づけば近づくほど、教育者は子どものなかに、
注目すべき特徴をより多く発見する。
そして子どもの研究のなかに応報と、さらなる研究と努力への刺激を見出すだろう。

『愛』寄 1918

子どもというものは、私たち（大人）と等しく人間的な価値をもっているものだ。

（一九二九年『子どもの尊重される権利』の主題について言及）

『おもしろ教育学』1939

このラジオ番組のおしゃべりで、もうひとつ試みていること。
それはおもしろおかしく……、こまかいことにこだわらず、好意的に、確信をもって
子どものなかに人間を見ることです。けっして軽蔑することなく。

『おもしろ教育学』1939

長年の経験からますます明らかとなってきたことは、

子どもは尊重され、信頼するに値し、友人としての関係に値するということだ。
そして、優しい感性と陽気な笑い、純真で明るく、愛嬌ある喜びを、
私たちは彼らと共にすることができるということ。
さらに、この仕事は実りある、生きいきとした美しい仕事である、ということも。

『尊重』1929

1930年代　孤児院ドム・シェロットの前で

社会のなかでの子どもの尊重

時は一九世紀末から二〇世紀にかけての転換期、帝国主義の時代。ヨーロッパやアジアの列強国が植民地支配を強め、地球上の土地が分割され、その列強間での緊張も高まる。大人たちは、こういった政治・経済の動きを決定していく。それから思い出したように、子どものことにとりかかる。実は、子どもの運命についての多くのことは、先に動かした政治・経済のしくみや列強間のせめぎ合いの中で決せられているのであり、付け足しの取り決めで子どもの利害が守れるわけではない。

この世紀の転換期には、欧米や日本でも、福祉・教育・司法の、また学問の分野でいえば教育学・医学・法律学などの、広くさまざまな領域で子どもの問題について関心が向けられ、それぞれの国家レベルで、また国際間で解決に向けた協議・協力がすすめられた時期であった。しかし、まもなく二つの世界大戦と革命、そして民族独立の闘いへと、世界情勢が大きく転換していくなかで、それまで抑圧され続けてきた階級や民族、そして性が歴史の表舞台に登場し、時代を前進させる期待も現れはじめた。そして同じ〝社会的弱者〟としての子どもにも目を向けて行く論調も現れたのだが、やはり戦争と革命は、子どもの生きる環境そのものを根底から覆し、新たな子どもへの関心の気運も、ほとんど唯一、戦争からの子どもの保護・救済といったレベルのなかに閉じ込められていった。

現在から振り返って、確実に世界の子どもの運命に関わる歴史の起点となったと言えるのは、一九二四年のジュネーブ〝子どもの権利宣言〟である。第一次世界大戦による子どもの直接・間接の被害は過酷なものであった。この宣言は大人の詫び状といってもいいのだろう。そもそも社会や国家は、子どもにどれほどの重みをもたせて尊重しようとしているのか。この人類の社会は、もし子どもがいなければ、これほどの歴史を発展させることができなかったのではないかといった考えは、すでに一八世紀のルソーが提示したものだが、コルチャックは、二〇世紀初頭のさまざまな〝社会的弱者〟の人間的要求が現れる時代のなかで、固有に人間的な存在としての子どもがこの社会を支えているのであって、それに見合った社会的処遇・社会的な保障をこそ子どもに与えるべきだ、という考えを提示していた。このような考えをもつコルチャックからみれば、ジュネーブ宣言は、こういったもともと子どもに与えられるべき社会的な保障・社会的な要請からすればお願い事にすぎない、それも本来大人が当然すべきであったことをしていない、そういった事柄の列挙であった。この宣言は義務と要求をごちゃごちゃにしているというのが、この宣言に対するコルチャックの批判の要点であった。

だからといって、これが意味のないものと、彼が考えていたわけではない。後にワルシャワ・ゲットーで子どもたちが窮乏生活を強いられるなかで、この宣言文を根拠に、子どもの救済を大人たちに訴えていたのもコルチャックである。こういった時代状況・社会状況のなかで、彼は考えはじめていた。人間としての子どもの生活保障・子どもの権利・人権とは何かを。*

*本章に関連するコルチャックの思想の形成と時代背景については、以下の二論文を参照してください。
拙稿「1924年ジュネーブ宣言の成立と子どもの権利」『子どもの権利研究』28号　2017年2月
「コルチャックの子どもの権利思想の形成とジュネーブ宣言―子どもの権利史の一断面，ポーランドの1920年代―」『子どもの権利研究』29号　2018年3月

■それからやっとだ、子どもについて大人たちが協議し、決定するのは

恐ろしい問題。獲得した空間をどのように分け合うか、だれにどのような建物や褒美を与えるか、征服された地球をどのように我が物にするか。手や頭脳の渇いた労働を癒すために、どれくらいの数の仕事場をどのようにあちこちに配置するのか、働きアリたちを従順と秩序のなかにどのように組み込むのか、自分を悪意や狂人じみた行為からいかに守るのか、生活の時間を行動と休息と娯楽とによっていかに満たし、熱狂や飽満やふさぎ込みをいかに避けるのか。人々を規律化した同盟のなかにいかに結合させるか、また、相互理解をいかに和らいだものにするのか、いつ分離させたり、分けたりするのか。こちらでは駆り立て活気づけ、あちらでは抑圧する。こちらでは炎を燃えたたせ、あちらでは消火させる。

政治家と法律家は、慎重に振る舞ってはいるけれど、しばしば過ちを犯すものだ。

それからだ、子どもについて大人たちが協議し、決定するのは。
しかしだれが、子どもの素朴な意見や同意を求めて話を聴こうとするのか。
そして、子どもは何を語ることができるのか。

『尊重』1929

■子どもから、彼らの正当な分け前を取り上げていないだろうか

私たちは、多くのものを手に入れてきた。私たちはすでに多くの果実を得ているが、それは自分たちの労働のみによる果実ではない。私たちは、巨大な財産の相続人であり、株主であり、その共有者である。私たちが有する都市、建築物、工場、鉱山、ホテル、劇場がどれくらいの数となっているか。商品市場はどのくらいに広がり、そこでそれを輸送する船はどれくらいあるのだろうか。需要者は殺到し、その販売を求める。

この（財産の）総額から、子どもに支払われているのはいくらであり、お恵みや施し物でなく、子どもの分け前として振り落とされているのはいくらか、収支をあわせてみよう。良心に基づき、確かめをやってみようじゃないか。

私たちは、子どもの国民に・背丈の小さな民族に・隷属化された階級に、彼らが受け取るべき分け前をどれくらい与えているのだろうか。相続は平等か、義務とされる分け前はどのようなものでなければならないか、私たち、不誠実な後見者は、子どもから、彼らの正当な分け前を取り上げていないだろうか、収奪していないだろうか?

我が国の子どものもとにはあるのは、窮屈で、息苦しく、うんざりするような、貧しくて厳しい生活だ。

『尊重』1929

■地球上の果実と富の三分の一は、彼らのものだ

子どもは解放を願って叫んでいる。子どもは救いを求め、呼びかけている。
……この地球上の果実と富のその三分の一は、彼らのものだ、
それは彼らの権利であって、恩恵によって与えられるものではない。
人類の思想で勝利を収めた果実の三分の一は、彼らのものだ。

『春と子ども』１９２１

■刷新だ。……新たな方法を探究すること

慈善というものは、数ある社会病理のうちのいかなる病理からも社会を救うこともなく、社会の数ある要求のうちのいかなる要求も満たすことはないが、二つの重要課題を遂行しているという話を、どこかで読んだことがある。

（その一つは）慈善は、国がまだ気付いていないか、あるいは過小評価している欠陥を明らかにするということ。研究し、行動を開始し、自己の無力を知って援助を求め、ついにはその義務を、完全な援助ができる社会や国に押し付ける。

もう一つの課題、それは刷新だ。国によって大雑把に保守的に、低予算で行われている分野で、新たな方法を探究することだ。

『愛』孤１９２０

■今日を生きる人間の権利を与えていない

伝統的な二分法で私たち大人と並び立ち、生活をともにしているその人類の半分を占める者たちとは何か。私たちは彼らに明日の人間という負担を強い、今日を生きる人間の権利を与えていない。

もし、人類を大人と子どもに分けるとすれば、また、人生を子ども時代と成人時代に分けるとすれば、世界における子どもたち、また人生における子ども時代というものは大きい、極めて大きいものだ。ただその子ども時代は、人類がその闘いや配慮において底深く沈めてきたもので、私たちは気にもとめていないものである。それはちょうど、私たちが以前気にもとめていなかった女性や、農民や、隷属を強いられた階級や民族のようにだ。

『愛』家 1918

■権利をもたないのは、子どもだけだ

わたしは、子どもが大人と同等の権利をもつことを望む。わたしは、国王であり、歴史をよく知っている。むかしは農民や、労働者や、女性や、黒人にはなんの権利もなかった。しかし今では、権利をもたないのは子どもだけだ。

『マチウシ』 1922

■ジュネーブ（子どもの権利）宣言は、要求ではない、忠告である

ジュネーヴの立法者たちは、義務と権利をごちゃごちゃにしている。宣言の調子は、要求ではない、忠告である。

善良なる意志への呼び掛けであり、愛顧を求める願いである。

『尊重』1929

■重んぜられ尊重に値するもの、今いて、過去にいて、そして未来にもいる

生命にはあたかも二つのものがあるかのようである。一つは重んぜられ、尊重に値するもの、そしてもう一つが、私たちの寛大さによって許容される、より価値の低いものである。私たちは、未来の人間、未来の労働者、未来の市民、という言葉を使う。それらはまだ先のことであって、現実のものになりはじめるのは後のことであり、これが本当のものになるのは未来のことなのだ。つまり、今のところ、彼らがうるさくつきまとうことが大目にみられる、彼らにはそのような恵みが与えられはするが、しかし、私たちにとっては彼らがいない方が好都合というわけだ。

いや違う！　子どもたちは過去にいたのだし、そして未来にも、いるのである。子どもは、たまたまほんの短い時のうちに私たちの心をとらえたのではない。子どもというものは、笑顔をつくろって挨拶しながら大急ぎで往来する、そんな通り掛かりに出

会う知人とも違う。

子どもは、人類のなかで、人口のなかで、民族のなかで、住民のなかで、同胞のなかで、大きな割合を占めており、彼らは私たちの誠実な友人である。今いて、過去にいて、そして、未来にもいる。

生命は戯れに存在するのか？　いや、子どもの時代は、人間の生のうちにおいて長い重要な年月である。

『尊重』１９２９

■私は、自由のマグナカルタ（大憲章）を、子どもの権利を、訴えたい

私は、自由のマグナカルタを、子どもの権利を、訴えたい。

それらよりもっと大きなものになるだろうが、私は三つの基本的なものを規定する。

一　子どもの死に対する権利

二　今日という日に対する子どもの権利

三　子どものあるがままで存在する権利

『愛』家１９１８

■大人が子どもを尊重し、信頼できるよう成長したときに

私たちが子どもについて熟考し決断するに際して、子どもには自らの考えを述べ、そ

こに積極的に参加するということが、議論の余地のない第一の子どもの権利である、というような理解は、まだ私のなかで形をなしていないし、またその裏づけもない。私たちが子どもを尊重し、信頼できるように成長したときに、子どもが私たちに信頼を寄せ、そして何が自分たちの権利なのかを語ってくれるだろう。その時には、不可解なことや過ちも少なくなるだろう。

『愛』家 1929 第二版

ドム・シェロット出身の元教師と（1939年8月）

メッセージⅢ

そこにいるのは人間だ、でも大人とは違う人間

コルチャックが、〝大人と同様に子どもにもまた人権がある〟という主旨のことを主張した歴史上の人物として、その重要なフロンティアの一人であるという評価は世界に認められつつある。

なぜ彼がそう主張したのかというと、一つには、すでに述べたように、そういったことを述べるに至った歴史的背景があったということ。それとともに、彼の子どもに対する姿勢や子ども探究のあり方から考えると、これは必然的な帰結であったのではないかということである。

彼は子どものなかに人間を探究していた。子どものなかにある人間的価値とは何か、子どもの時期において人間として共有すべきものはどんなことか、そういったことを探究するなかで、彼は子どもの権利をも探究していたのである。

そういった探究のなかで、彼が子どもという存在について、大人との対比において見出していたのは、ひとことでいうなら、〝子どもというのは人間である、しかし、それは大人とは異質の人間だ〟ということ。したがって、〝子どもの権利〟という言葉を使うとき、彼は、大人が持っている〝人間としての権利〟を基本的に享有するという意味のものと、さらに大人とは異なるその異質さに基づく権利とを考えていたのだと思う。

■子どもは、すでに人間なのだ

子どもはだんだんと人間になるのではなく、すでに人間なのだ。
そう、人間なのであって、操り人形なのではない。
彼らの理性に向かって話しかければ、私たちのそれに応えることもできるし、
彼らの心に向かって話しかければ、私たちを感じとってもくれる。
子どもは、その魂において、あらゆる思考や感覚をもつ、才能ある人間なのだ。

『隣人愛』1899

1930年代　孤児院ナシ・ドムで

■なぜ子どもだと……

大人ならせっせと忙しそうに働く、子どもなら騒々しくする
大人なら冗談を言う、子どもならふざける
大人なら悲しむ、子どもならめそめそする
大人なら大胆だ、子どもなら向こう見ず
大人なら悩む、子どもなら、心配があってもしかめっつらする
大人なら気をとられても、子どもならそそっかしい
大人が正直者なら、皆が彼を信用する。
私たち子どもは、いくら正直であっても無駄。それでも疑われるのだから。

『もう一度』1925

■子どもはまだ話しはじめていないが、もうすべてを聞いている

幼い頃から、私たちは、無意識のうちに、小さなものより大きなものの方がすばらしいものだ、ということに慣らされて育って来た。

――ぼくは大きい。机に上がって子どもは喜んでいる。

――おまえより大きいぞ。同じ年の子どもと背丈を比べながら自慢げにいう。

つま先で立ったって届きやしない、おもしろくない。小さなあんよじゃ大人について

行けないし、小さな手ってからはコップが抜け落ちてしまう。椅子に座るにも馬車に乗るにも、階段を上るのにも、子どもは苦労する、身体に合わないからだ……大きなものこそ尊敬と感嘆とを呼び起こす。そう、それが大きな位置を占めるのである。小さなものはどこまでもおもしろくない。

（しかし）小さな人々には小さな欲求があり、小さな喜びがあり、小さな悲しみがある……

子どもは小さく軽い存在であり、腕のなかに子どもはいないかのようである。

私たちは、子どもに向き合い、腰を屈めなければならない。

子どもはまだ話し始めていないが、しかしもうすべてを聞いている。

『尊重』１９２９

■子どもが、ではない。そこにいるのは、……人間である

子どもが、ではない。

そこにいるのは、知識の量、経験の蓄積、欲望、感情の動きが異なる人間である。

私たちが子どもたちを知らない、ということを覚えておくべきだ。

『愛』寄　１９２０

■子どもには、何かが欠け、何かが過剰にある

人類の半分は、まるで存在しないかのようである。その生活は冗談であり、意欲は無邪気だし、感性は刹那的なものであり、意見は滑稽なものといわれる。そう、子どもは大人と違うのだ。子どもの生活には何かが欠けており、大人の生活に比べれば何かが過剰にある。しかし、そうした私たちの生活と違うところのものは現実なのであり、ファンタジーではない。ところで、子どもを認識するために、そして子どもがまさしく存在し、成熟しうる条件を創り出すために、私たちは何をしているというのか。

『愛』家　1918

■赤ちゃんの「言葉」と「思考」

（赤ちゃんは）表情の言葉で語り、目に見える形の言葉と、感性が記憶する言葉で思考している。

『愛』家　1918

■感性の分野では、子どもたちは私たちにまさっている

本能の分野で子どもに不足しているのは、

今のところまだ、霧のようにたちこめる、エロチックな予感である。
感性の分野では、その力において私たちにまさっている、
なぜならそれを阻止するものが作りあげられていないからである。
知性の分野では、少なくとも私たちと同等である。
不足しているのは経験だけである。
だからこそ、大人がしばしば子どもになるし、逆に、子どもが大人になる。
残りの境界は、子どもは働いて賃金を受け取ることがない、
そして扶養されているので、従属することを余儀なくされている、という点にある。

『愛』家　１９１８

■子どもは感性の皇子であり、詩人であり、思想家

老人を尊敬し、女性を同権とし、子どもに好意を、などというのは欺まんである。
世のなかをさまよい歩く家なきシンデレラ、感性。
そう、確かに子どもこそ、感性の皇子であり、詩人であり、思想家ではないか。
尊重されよ。かりに敬意を払わないにせよ、真白く純粋な、澄んだ、清らかな聖なる
子ども時代を！

『尊重』１９２９

上：ドム・シェロットの子どもたち、1階ホール・食堂にて（1940年）
下：同 設計図（1911年）

子どもは子どもの専門家、子どもと共に生きるために

コルチャックの教育学――こういえる領域があるとすれば――、それはすなわち何よりも〝子どもを尊重する教育学〟であるが、教育が教育者―被教育者の相互作用においてすすむということを考えるなら、コルチャックのそれは〝子どもからの〟教育学である。それは、大人と子どもが共に生活するということを前提にして、子どもに、また子ども集団に依拠して、彼らから出発し、彼らとともに考え、決するという基本姿勢を失わない、そういった教育のしくみである。

晩年の著作（『養育の技法』未公刊）の中で、なぜ私たちが子どもたちに依拠し、協力を求めることが不可避であるのか、特に子ども同士の関係を読み解くために必要な問いかけを、「数学」問題にして私たちに考えさせている。

「どの子ども大きな重要な世界だ。二人の子どもは、三つの大きな世界だ。三人の子どもというのは、一＋一＋一の合計なのではない。それ以上だ。一人目と二人目、一人目と三人目、二人目と三人目、そして、三人の全体もある。従って、合計七つの世界が存在する。一〇名、二〇名、そして三〇名の子どもたちにどれだけの世界があるのか、ご自身で計算してみてください。子どもたちの助けなしに、あなたはそれらの世界を知ることはできませんし、あなたが行う教育の仕事がうまくゆくはずもありません。」

子どもとの生活・対話において、もっとも重要なポイントは、「子どもに」ではなく「子どもと」、そ

してそこで対話すべきは、大人が考える、子どもが「どうすべきか」ということについてではなく、子どもが今「どうあり」、これから「どうあり得るか」、ということについてであるという。*

*コルチャックの教育実践を広い意味での道徳教育と捉えて、その内容について試論的に考察したのが、左記の論文、関心のある方、参照されたい。
拙稿「コルチャックの道徳教育―思想と実践―に関する研究ノート」(東海大学『高等教育研究(北海道キャンパス)』18号　2018年3月　http://www.jhe.u-tokai.ac.jp/)

ドム・シェロット（1939年）
５階にコルチャックの部屋があったが戦災で焼失。記念館として建物は改築され、ワルシャワ市の記念史跡のひとつとなっている。現在も養護施設として部分利用されている。

■子どもの参加は避けられない

私たちは、子どもに、自らを組織することを許していない。彼らを軽視し、信ずることもなく、好感をもってもいないし、彼らのことを配慮するわけでもない。だとすればもはや、専門家の関与なしにすますことはできない。この専門家とは、いうまでもなく子どものことだ。

『尊重』１９２９

■子どもは子どもの専門家

もしも大人が子どもに意見を聞くのなら、忠告できることは一つとはかぎらない。子どものところへあまり来ない人たちより、子どものほうが子どものことを知っている。子どもは、子ども同士を観察する時間が大人たちより長い。大人たちには、子ども同士がお互いを知っているほど子どもたちを知ることは、絶対にできない。

子どもたちのグループのなかに、いろいろなことを説明できる子どもが、たいてい一人はいる。子どもたちは、子どもたちの生活や行動をいちばんよく知っている専門家なのだ。

『もう一度』１９２５

■子どもは、生活の困難をよく知っている

子どもは、利口な存在である。自分の生活に何が必要か、何が困難か、
何が生活の妨げになっているのかを、よく知っている。
専制的な命令も、押し付けられる規律も、疑い深い管理もいらない。
子どもたちには気転の利いた話し合いや経験、協力や共同生活への確信がある！

『尊重』1929

■一緒に感じることが必要なのだ

知性においては違いは見えない——子どもたちと私、同じ思考のプロセス。
みな、まさに同じもの。私は長く生きているだけのことだ。
しかし、感性の分野では子どもは違う。だから議論すべきではない、
そうではなくて、一緒に感じることが必要なのだ。
子どものように喜んだり、悲しんだり、愛したり、怒ったり、
恨めしく思ったり、はずかしくなったり、心配したり、信じたりすることだ。
これは自分ではどうしたらいいのか、
もしわかったのであれば、他人にどのように教えたらいいのか。

「感性」1927

■「子どもには疲れる」と、あなたは言う

「子どもには疲れる」と、あなたは言う。そのとおりだ。
しかし、つぎのように説明するとき、あなたは間違っている。
「だって彼らの考えまで降りなきゃならないのだから。
そこまで降りて、身をかがめ、腰を曲げ、身体を縮めなきゃならない」
私たちが疲れるのはそのためではない。
そうではなくて、彼らの感性の高みにまで昇らなければならないからだ。
高みをめざして、つま先立ち、背伸びをしてだ。無礼にあたらないように。

『もう一度』1925

■子どもたちとの話はたやすいことではない

子どもたちの考えは、大人より少ないとか、貧弱だとか、劣るとかいうことはない。
それは大人の思考とは別のもの、というだけのことだ。
私たちの思考においては、形象は色あせ、古ぼけており、
感覚はぼやけて、ほこりにまみれているかのようだ。
一方、子どもたちは知性ではなく、感性で考える。
だからこそ、私たちが子どもたちとの共通の言葉を見つけるのがとても難しいのだ。

だからこそ、子どもたちと話をする能力ほど、複雑な技術はないのだ。

『愛』孤　1920

■短く感情を込めて、言葉や言い回しを選ばず、誠意をもって話すべきだ

私は長い間、子どもたちと話をするときは単純に、分かりやすく、面白く、生き生きと、納得できるように話さなくてはならないと思っていた。今はそんなふうには考えていない。短く、感情を込めて、言葉や言い回しを選ばず、誠意をもって話すべきだ。今なら、子どもたちに対する自分の要求の正当性を理由付けて、子どもたちが私の正しさを認めるのを待つようなことはせずに、次のように子どもたちに話すだろう。「君たちに対する私の要求は不当で、侮辱的で、実行不可能なものだ。しかし私には、君たちにそれを要求する義務がある」。

『愛』孤　1920

■子どもたちとの話し合い　それは会議とはいえない

子どもたちを集めて、同情を誘ったり、あるいは逆にきつく非難したりして、あなたに必要な決定を引き出そうとするのは、会議とは言わない。
子どもたちを集めて、演説をして、子どもたちが義務や責任を引き受けるように、子どもたちを焚きつけて何人かを選ぶのは、会議とは言えない。

子どもたちを集めて、自分の手に負えないといって、
子どもたち自身に何か改善策を考えさせるのは、会議とは言えない。
がやがや、ごたごたがあって、ただ片を付けるだけのために、みんなで採決。
これは会議のまねごとだ。

『愛』孤 1920

■子どもたちとの共通理解に到達するために

子どもたちとの共通の理解に達するためには、ひと働きしなくてはならない。ひとりでに達せられるものではない！

子どもは、自分が発言権を得ることができるということ、発言をするべきだということ、発言しても怒りや反感を買うことはないということ、自分は理解されるということを、知っていなくてはならない。

さらには、仲間が自分を笑ったり、自分が教育者に取り入ろうとしていると疑われたりはしない、という確信がなくてはならない。

会議には純粋な、しかるべき道徳的雰囲気が必要だ。意図的に仕組まれた選挙や、結果が予め分かっている投票ほど、意味のない茶番はない。

さらに、子どもたちは会議の進め方を覚えなくてはならない。みんなで一緒に協議することは難しいことなのだから

■子どもに、どうあるべきかではなく、子どもと、どのようにありうるか

……森のなかで話をしたときのこと。私ははじめて、〝子どもに〟ではなく、〝子どもと〟話をしたのである。それも、私が望むところの〝彼らがどうあるべきか〟ということについてではなく、〝彼ら自身がどのように望み、どのようにありうるか〟ということについて、彼らと話をしたのである。
そして、おそらくそこではじめて、私は理解したのである。
子どもには、私たちが学ぶべき多くのことがあるということを、
そして、子どもは要求し、条件をつけ、その条件付きで実際やるということ、
また、そうする権利をもっている、ということを。
子どもには、望み、願い、要求する権利があり、
成長する権利、成熟する権利、またその達成によって果実をもたらす権利がある。
ところが教育の目的は、騒がないこと、靴をやぶらないこと、
よく聴き指示をこなすこと、批判することのないこと、
また、それらすべては彼にとっての善であることを信じること、なのである。

『愛』孤　1920
『愛』夏　1920

■二つの共に成熟した瞬間を大切に

私は子どもと遊んでいるか話をしている。
そこには、私とその子の生活の成熟した二つの瞬間が、ひとつに編み込まれている。
……

『尊重』1929

■大人と子どもの人生が二本の並行したラインにそって走る……

大人と子どもの人生が、二本の並行したラインにそって走るというような、
その幸福な時間は、いつ来ることだろうか。

『おもしろ教育学』1939

ドム・シェロットの実践パートナーであったステファニア・ヴィルチンスカと幼児（1935年）

メッセージＶ

子育ての仕事——子どもはあなたのものではない

親子、とくに母子の関係は、誕生の瞬間から始まっている。その前後の時期から、じっくりと考えておくべきことがある。それは、「子どもは、あなたのものではない」ということである。母親として「私の赤ちゃん」と言うのは、ある意味、自然な感情を含んだ呼びかけの言葉ではあるが、「私の」という、文法用語でいえば所有格の言葉が示唆するように、そこには相手を独立の人格と認めず、自らの所有物・付属物であるかのようにみなす〝関係〟がすでに潜んでいる。そうではない〝対等な関係〟を取り結ぶことが、子どもを愛する上でもっとも大事な出発点と、コルチャックは考えている。『子どもをいかに愛するか』（一九一八年）は、まずこの問題解明から始められている。そういったことに起因する親子の間での葛藤・対立は、生涯において続くのだ、それはおのおのの二つの望み・願い・エゴをもった二つの生命・異なった生活・違う人生の衝突なのだと。

このことを忘れず、子どもの人間としての願いや要求を、自分自身の五感のすべてを使って受け止め、子育てにあたることを励ましている。子どもは言葉の未熟な人であるが、感性の豊かさにおいて私たちを上回っており、それを総動員して私たちに願い、訴え、要求しているからだ。これを受け止める努力が、私たち大人の人間に課せられている。

■子どもはあなたのものではない

あなたはいう、「私の子ども」と。……

いや、何ヵ月かの長きにわたる身籠りといえども、

そして、数時間におよぶ出産といえども、子どもはあなたのものではない。

『愛』家　1918

■（出産の）決定的な瞬間、互いの痛みを気にもとめず

（母親である）あなたにとって、決定的な瞬間を一緒に迎えることになる。

共に、共通の痛みを味わいはじめる。

……その時、子どもは語っている。「自分の人生を私は生きたい」と。

一方あなた、母は言う、「もう自分の人生を生きなさい」と。

強い痙攣で、あなたはその子を自分のお腹から押し出しはじめる、その子の痛みなど気にもとめず。

そして力強く意を決して、その子は通り抜けはじめる。あなたの痛みを気にもとめず。

『愛』家　1918

■夜中の灯りのもと　二重の生活のたたかいの前兆

突然、聞こえてくる……子どもの専制的な叫び声が

それは、何かを要求し、何かに向かって訴え、援助を懇願している。

が、彼女には理解できない。寝るな!!

「そう、今度は私にはできない、したくない、どうしたらいいかわからない」

この夜中のランプの灯の下の最初の叫び声は、二重の生活のたたかいの前兆なのだ。

一方の成熟した生活は譲歩を余儀なくされ、拒否され、犠牲を強いられ、自衛する。

他方の新しい若々しい生活は、自分の権利を獲得する。

『愛』家　1918

■二つの望みの葛藤、際限なしに続く課題

二つの望みの葛藤。二つの要求、二つの対立するエゴイズム。

……母親は悩み、一方、子どもは生きるために生まれた。

母親は出産の直後で休みたいと思っている、一方、子どもはおなかを満たしたい。

うたたねしたいと思っているが、一方、子どもは眠りたくない。

そして、こうした葛藤は際限なしに続く。これは些細なことではない、課題だ。

自分の感情において大胆にふるまいなさい、

……率直に、自分に「やりたくない」と言いなさい。

『愛』家　１９１８

■子どもの人生を選択しているのは

あなたは言う、「この子は……しなければならない。私は、この子が……になるように望んでいる」と。そして、子どものために、子どもがどうならなければならないのか、つまり、その子のあるべき人生を選択するのである。……

『愛』家　１９１８

■子どもは無、私たちがすべてである

私たちは、育み、身をもって子どもをかばい、養い、勉強させる。子どもは、何の心配もなくすべてを受けとる。子どもは私たちなしに存在することなどできない、ということか？　私たちにすべてにわたって恩義を払うべきと？

私たち——これがとにかく、唯一の、そして、すべてなのである。

成功への道を知っているから、私たちは指示し、助言する。長所をのばし、欠点を抑える。ある方向に向けて、軌道修正し、慣れさせる。子どもは無であり、私たちがすべてである。私たちは、指揮し、従順を求める。……

『尊重』１９２９

■私たちが、子どものなかに見たいと思っていること

いや、ひょっとしたら私たちが間違っているのではないのか？
子どものなかに、私たちが見たいと望んでいることだけを見ているのではないのか？
そう、おそらく、その子は私たちから身を隠し、
そしておそらく、密かに悩んでいるのではないか？

『尊重』1929

■私たちの夢――〝完成した未来の人間〟

将来、その子が大きくなって何になるのかと、私たちは不安な気持ちで自らに問うてみる。私たちは、子どもが私たちより以上のものになることを望んでいるのだ。私たちが夢見ているのは〝完成した未来の人間〟である。

用心深く、自らのうちにある嘘を見破るべきである。それには、美しい言葉で粉飾されたエゴイズム、という烙印が押されるべきである。自らのことは忘れて献身的であるかのように見えるが、その本質は、手荒なペテン師である。

私たちは、自分のなかで対話を繰り返し、和解させ、自らを許す、そうすることでゆがみを正される義務から逃れてきた。私たちはよく教育されていないのだ。

しかし、もう遅い！　悪習や欠点はもはや根をおろしてしまっている。

私たちは、自分を批判することを子どもに許さない、そして、自分で自分のことをコントロールすることもない。自分のことは許し、自分と闘うことを拒みながら、その重荷を子どもに負わせているのだ。

『尊重』1929

■子どもは、みずからの未完成の過去を作り直す

どこに、どんなところに、幸せがあるのか。

幸せへの道を、あなたは知っているというのか。

そう、そこにそれを知っている人々がいるということも、知っているというのか。

聞いてみたいものだ。どのようにこれからのことを予測し、柵をめぐらすのか。

激しく泡立った流れの上に蝶がいる……

羽をぬらすことなく、どのように羽に強さを与え、鍛えることができるのか、疲れさせることなく。

自らを模範に？　助言によって？　言葉と行いで？

もし、拒否されたら？

一五才も過ぎれば、子どもは未来へと向かう。あなたは、過去のものとなっていく。

あなたには思い出と惰性が、子どもには新たなものへの探求と大胆な希望が生まれる。あなたは疑いはじめ、子どもは期待し、信じる。

あなたは心配するが、子どもは恐れない。

若き時代、もし子どもがからかわれたり、罵倒されたり、軽蔑されたりしなければ、常に子どもは未完成の過去を作り直そうとするものだ。

『愛』家 1918

■涙や微笑みの言語は

涙や微笑みの言語は？ 目が語る言語や唇の歪みの言語は？

しぐさや吸い方の言語は？

彼女（母親）の目が、耳が、乳首が気づいている何百というシグナル、何百という微細な子どもの訴えが語っている——

〝僕は調子がよくない。今日は機嫌がよくない〟と。

母親は自らが気づいていることを信じようとしなかった。

なぜなら本には、そのようなシグナルのことは何も書かれてなかったからだ。

『愛』家 1918

■それも何者かによる観察で、自らの観察ではない

育児書のために、見る目が曇らされ、考えることに怠慢にさせられてきたのだ。

他人の経験、他人の観察、そして他人の見解によって暮らしてきたため、人々は自分

の目でみようとしないほどに、自分を信じることをやめてしまった。

本に書かれた文字、それはあたかも啓示のようであるが、観察の結果ではない、それも単に何者かによる観察であって、自らの観察ではない。

また昨日の観察であって、今日のではない、それも何者かに対するもので、自分の子どもに対するものではない。

『愛』家 1918

■あなた自身の洞察力ある思考と、注意深い観察

私は、いかなる本といえども、いかなる医者といえども、その人本人の洞察力ある思考と、注意深い観察にとってかわることはできないものだと、そう人々は理解してきたと願う。

……

誰かしらの出来合いの考えをあなたに与えるよう命じること、これは、他の女性にあなたの子どもの出産を頼むようなものだ。

自らの痛みをもってこそ生みだすべき、そういう思考がある、それこそ最も価値あるものである。こういうものが、すべてを解決してくれるのだ。

あなた、母親が、母乳を与えるのかあるいは動物の乳を与えるのか、あなたは人間として養うのか、あるいは雌として養うのか、導き始めるのか、あるいは強制のベルト

で引っ張るのか、あるいはまだ子どもが小さいなら、子どもとの愛撫に夫の貧弱で無愛想な愛撫の代償を求めながら、子どもをもてあそぶことになるだろうか、そしてやっと成長したら、見守ることなく放り出すことになるか、あるいは言い負かしたくなるかといったこと、すべてを。

『愛』家 1918

■本からではなく、自分自身から

子どもは母親の生活に、不思議な沈黙の歌をもたらす。その歌の内容やリズム、そして創造性は、母親がその子のそばで過ごす時間の長さに依存する。それは子ども自身がまだ何の願いもかなえていない時であっても、その子はそこで生きているのであり、やはり骨惜しみすることなく子どもの身を包み込んでいる、その母親の思考に依存するのだ。母親は静かな洞察のうちに、育児の仕事に必要なインスピレーションを得て成熟していくのだ。

育児書からではなく、自分自身からなのだ。どの本も、その価値を減じていくが、本書がこのことに確信を与えたなら、私は、自らの課題を達成していることになる。賢明なる孤独のまま、寝ずにいられたい……。

『愛』家 1918

教育者の仕事——今日という日に対する責任

自己教育。それはポーランドの分割従属の時代、若きコルチャックのみならずポーランドのだれもが経験したことだ*。その学びの方法は、コルチャックの後を継ぐ世代にも求められた。そして何より教育という仕事においては、知識の伝達という仕事を除けば、教育者の子どもに対する姿勢や言動、そして生活そのものを常に省みることが、絶えずその仕事の起点に位置する。教育者が人間として、人間としての子どもに影響を与えるとは、そこでは当然相互のやりとりが行われているわけで、したがって、そこには自らの達成とともに限界も露呈される。子どもに依拠しながら何が自分にできるか、自己省察が必要なのである。

この限界を充分に自覚しつつ、社会のなかで教育者がなすべき仕事は、医者が子どもを死から救うことがその使命であるのと同様に、子どもに生活を与え、子どもが子どもであることの権利を保障することなのだと、コルチャックはいう。

教育者がその子どもの権利を保障していく際に必要なことは、まず子どもの現在に責任を持つことだという。ふつう教育者は、専ら子どもの未来のために責任をもつかのように考えられており、それはその子が将来発達・成長の結果として未来社会に貢献しうる（あるいはその逆）かもしれないという意味でそうであるが、子どもを前にして何よりもまず教育者は、その現在の生活の要求から出発しこれに合わせて、子どもが持つ〝今日という日に対する権利〟を保障しなければならない、言い換えると、コルチャックは大人が考える未来からではなくあくまでも子どもの側から、そこにある現在から未来を考え展望することを望んだのである。

こうしたなかで、教育者は子どもによって学ばせられ、成長していく。人間（＝子ども）というもの、また、社会（＝子ども集団）というものがどういうものなのか、こういったことの理解がすすむなかで、これを糧としながら、教育者は、他の職業では学ぶことのできない、固有の学び・成長をして、自らを豊かにして社会に貢献していくのである。

＊この時代のポーランドの歴史を次の論文で書いたことがある。関心のある方ご参照を。
拙稿「地下学校の教師―19世紀後半－20世紀初頭ロシア帝国領ポーランドの教育―」（松塚俊三・安原義仁編『教師の比較社会史―国家、共同体、教師の戦略―』、2006年2月、昭和堂）

夏季コロニ―ボランティアの仲間たちと（中央）（1908 年）

■あなた自身がよく知り、育て、教えなければならない子どもだ

自分自身でありなさい。固有の道を探しなさい。子どもたちを知ろうとする前に、自分のことを知りなさい。子どもたちの権利と義務の範囲について輪郭をつかもうとする前に、自分ができることについて、自分自身に報告されよ。他でもないあなたが、あなた自身、何よりも先によく知り、育て、教えなければならない子どもなのだ。教育学というものが、子どもに関する学問であって人間に関する学問ではない、と見なすことは、最も深刻な誤りのひとつなのだ。

『愛』寄 1920

■教育者の責務

いったいわが国の教育者の役割とはどんなことなのか。

（現状は）壁と家具の番兵、家屋の静けさや把手や床の番兵である。……恐怖と警戒の屋台、道徳的ガラクタでつまった行商木箱、店から持ち出しの変性アルコールのように、もう香りもなにもない、混乱させ、ただ眠らせるだけの知識を販売している。覚醒させ、蘇生させ、喜びを与えるかわりにだ。陳腐な徳の代理人。

私たちは、子どもたちには尊敬と従順を強制し、大人たちには彼らが心から同情したり、しばらくの間ここちよく興奮するのに手をかさねばならないというわけだ。ほん

のわずかな金で強固な未来をつくりだそうというのか？　欺き、隠しながら。
子どもとは何か。子どもとは大衆であり、意志であり、力であり、権利なのだ。
医者は、死の淵から子どもを引きずりあげた、
教育者の責務は、子どもを生かし、その子が子どもであることの権利を獲得させることだ。

『尊重』1929

■生きることを与えること

死が、私たちのもとから子どもを奪い去らないだろうか、
そういう恐怖から、私たちは子どもを生活から遠ざけている。
子どもが死なないように望みながら、生きることを与えていないのだ。

『愛』家　1918

■〝完成した子ども〟という大人の偽善

新しい世代が成長する。新たな波が立つ。欠点も、長所も伴いながら。子どもがより良く成長できるよう条件を与えよ！　不健全な遺産の相続問題で墓場に訴訟をもちこんでも、私たちに勝ち目はない、やぐるま菊に向かって穀草になっていれば、などと言えるはずがない。

私たちは魔法使いではない。そして、やぶ医者にもなりたくない。
〝完成した子ども〟という偽善的な物思いから、私たちはきっぱり足を洗うべきだ。
私たちは要求する。
飢えと、寒さと、湿気と、蒸し暑さと、窮屈さと、人口密集とを一掃せよ。
そうだ、病人も障害者も、あなたたちが生み出しているものだ、
暴動も、伝染も、あなたたちがその条件をつくり出しているのだ。
あなたたちの浅薄な考えと和合の欠如が、それらをつくり出しているのだ。

『尊重』１９２９

■都合のよい子

現代の教育はすべて、都合の良い子どもとなるように仕向けられている。
徐々に眠らせ、押しつぶし、子どもがその強靭な精神によって、また要求する力によって自らの意志を持ち、自由になろうとする、そのすべてを駆逐しようとする方向に向けられている。

『愛』家１９１８

■子どもは人間を、尊重に値する生きものを、めざすものなのか？

子どもは人間をめざして、また尊重に値する生きものをめざして、そうなるものだとい

う。

皮ひもの先に立つことは許されず、親の巧みな捌きをもって、慎重に、知性と感覚と意思の全力をもって操られるべき、そういった生きものなのだという。

かつての専制が教育に生き残っている。親の前に立つときのかつての恐怖は、時の流れとともに消え去った。子どもにはどんな地位がふさわしいのか。

「子どもと教育」1900

■おまえは何になるんだい？　人間かい？

もし、教条的な環境によって受け身的な子どもになりやすいというなら、思想的な環境は能動的な子どもが育つ優れた土壌となるだろう。多くの思いがけない不愉快なことが起こる場合のその原因は、次のようなところにあると、私は考えている。

ある者が岩に刻まれた十戒を、自分の心の炎をもって自分の胸に焼き付けたいと望んでいるときにそれは与えられるが、またある者は、受け入れるべきその真理を探すことを余儀なくされるということだ。

このことは、「私はおまえを人間にしよう」といって近づいたのでは見えてこない。「おまえは何になるんだい？　人間かい？」と探るように近づき、見えてくるものだ。

『愛』家　1918

■教育者はまず第一に、生徒の現在に責任を負う

教育者は、はるか将来に向かって責任をとることを義務づけられているのではなく、ことごとく今日という日に、責任を負っているのだ。このフレーズが反発を招くことを、私は知っている。普通は正反対に考えられているが、私の確信では、それは間違いだ。

しかし、本当にそう考えられているのか？　いやたぶん、ごまかしだ。絶えずきびしく責任を問われる目の前にある今日よりも、はっきりとしない明日に向かって、その責任を先延ばしすることの方が好都合だ。

間接的には、教育者は社会の未来に対しても責任を負っているが、しかし直接的には、生徒の現在に対して、まず第一に責任を負っているのだ。

「理論か実践か」１９２５

■今という時間を、まさに今日という日を尊重されよ！

もし我々が子どもに、意識的な責任ある現実をもって、今日という日を生きさせてやらなければ、いったい、子どもはどのようにして明日を生きることができるのか？　踏みにじることなく、圧力をかけることなく、明日の奴隷にもどすことなく、非難することなく、急がせることなく、追い立てることなく。

その瞬間、瞬間を尊重されよ。なぜなら、それはすぐに消え去り、二度と現れないからだ。

『尊重』1929

■あなたは間違いを避けられない

子どもたちを、無邪気で未経験だからといって滑稽で、下等な存在とみなす、そういう日常的な態度から生じる間違いを、あなたは避けることができない。

子どもたちの心配や望み、疑問に対して、軽蔑的で、ふざけた態度、保護者然とした態度をとるなら、必ずやひどく感情を害する子どもがいるはずだ。……

あなたには時間がない。子どもたちの、明らかにばかげた望みのなかに隠された動機を追及したり、考えたり、見つけ出したりすることは、いつもできるわけではない。

子どもの論理や空想、真理探究といった研究未開拓の領域の奥底に、いつもいつも入り込むことはできない。

子どもの志向や好みに、いつもいつも適応できるわけではない。

あなたはこれらの間違いを犯すだろう。なぜなら間違いを犯さないのは、何もしない者だけだから。

『愛』寄 1920

■〝何をなすべきか〟ではなく、〝何をなしうるか〟である

……あなたは子どもたちにとって手本にならなければならない。しかし、自分の欠点、短所、ばかげた部分をどこに隠せるだろうか。

隠そうとしてみるがいい。どうにかうまくいくだろう。だが、必死になって隠そうとすればするほど、子どもたちは一生懸命見て見ないふり、知らぬふりをして、小さなささやき声であなたのことを揶揄するだろう。

あなたはつらい、大変つらい。それはよくわかる！

誰にでもつらいことはあるが、それを解決するのにはさまざまなやり方があり得る。

絶対に正しいという答えはない。

人生は、答えが常に一つで、解法がせいぜい多くて二つの数学の問題とは違うのだ。

『愛』寄 1920

■扱いにくい子は必ずいるものだ

〝扱いにくい子ども〟は必ずいる。

一ヵ月後も、一年後も、五年後も、ずっと続くのだ。

『愛』寄 1920

■教育者の成長

教育者は人間（子ども）を理解し、そして社会（子どもの集団）を理解しながら働くことによって、重要な、価値ある真理の理解に到達し、成長するものだ。
自分に対する警戒を怠らないこと、そういった労働を軽視すれば、堕落するのだ。

「子どもによる教育者教育」1925

■子どもとの経験が私を豊かにし、私の見解や感性に影響を与える

子どもとの経験は、私を豊かにしてくれる。
私の見解や、私の感性の世界に影響を与えてくれる。
私は、子どもから指示を受けとり、自身に要求し、自らを叱責し、
自分に寛容さを示すか、あるいは、身の証しを立てるかする。
子どもは私に学ばせることもあるし、私を育てることもある。

「子どもによる教育者教育」1925

ドム・シェロットの玄関口で（1937年）

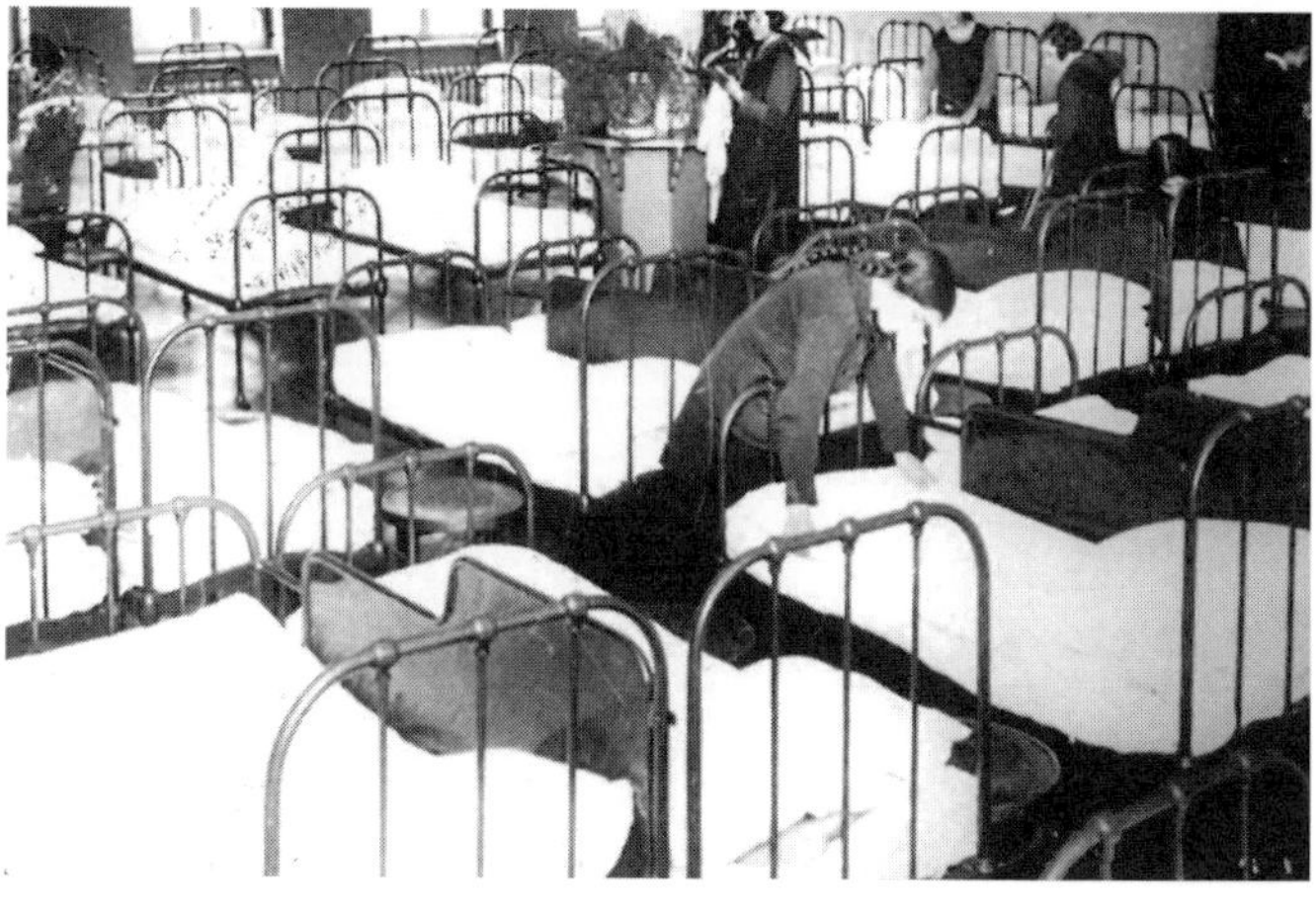

ドム・シェロットの寝室（1937年）

メッセージⅦ

その子にあるのは、恨みでなく、悲しみだ

コルチャックは、二〇世紀初頭の児童中心主義という新しい歴史の流れに乗りながら、子どもからの教育学の方向を示唆したが、子どもを神聖視したり賛美することはない。大人社会にいるのと同じくらいに、子どもの社会にも悪いのはいる――、この（大人がつくる）社会に子どもがいる限り、それは避けられないとの理解からである。

しかし非行をおかしてしまう子、教育の難しい、問題を起こす子ども――この子たちは困難さを抱えた子どもであり、その子がどんな経緯で、なぜそういった状態にあるのか、どんな困難を抱えているのか、これを徹底して理解すること。その子は大人を恨み腹をたてているのでなく、悲しみに打ちひしがれているのかもしれない。社会から何世代にもわたって排除され、深く傷ついている家庭の子どもを理解するには相当の時間を要する。こういった子どもへの理解が可能ならば、まずはその子を「許す」ことにならざるを得ない。そこからである。

どんな子どもも間違いをする。それはいわば子どもの権利である。なぜ嘘をつくのか、なぜ盗ってしまうのか。コルチャックはその理由をひとつひとつ子どもから聴きだしていったと思われる。重要なことは、その間違いの理由・原因を理解し、それがわかれば同じ間違いを繰り返させないことである。立ち直りを期待して子どもを待つこと、それが自治の仲間同士の関係であれば、立ち直りを互いに信頼しそれを求めあうこと、これがコルチャックの施設においてなされた実践のポイントである。

■子どもたちのなかには、大人の場合と同じ割合で悪い子どもがいる

子どもたちのなかには、大人の場合と同じ割合で悪い子どもがいる。ただ、子どもたちには自己の真価を示す必要もないし、その可能性もない。

大人の汚れた世界でつくられるすべてのものが、子どもの世界にもある。あなた（教育者）はそこで、人間のあらゆるタイプの見本、人間のあらゆる恥ずべき行為の見本を見つける。子どもたちは、自分たちを育てる周りの人々の生活、言葉、志向を模倣する。子どもたちは胎児のうちに、大人のすべての熱情を持っているからだ。

『愛』寄　1918

■その子にあるのは、恨みでなく、悲しみだ

子どもに対して、その子が今存在することに対して、あるいは現実生活がその子を育てて来たようにして、今のその子があるということに対して、憤りをおぼえる者、ふくれる者、侮辱を感じる者は、教育者ではない。

彼らに、恨みがあるのではない。あるのは悲しみだ。

……子どもを理解するということ、それはすべてを赦すということだ。

「理論か実践か」1925

■泣いているのは子どもではない

子どもが泣いているのは不快だが、
押し殺したような、絶望した、不気味な号泣にだけは驚かされる。

「神経質な子ども」と言ってしまえばそれまでだが……、
自分の歳より一〇歳も上のような子どもたちが、まれではあるが、いる。

そのような子どもたちはいろいろな世代の特徴を持っており、
その脳のなかには、苦難に満ちた数世紀の血みどろの苦しみが蓄積されている。

わずかな刺激によっても、潜在している痛み、悲しみ、怒り、反抗が表面に噴き出してきて、その刺激に対して、不相応な激しい反応をしているような印象を与える。

泣いているのは子どもではない。過去の数世紀が泣いているのだ。

嘆き悲しんでいるが、それは、その子どもが部屋の隅に立っていたことによる悲しみではない。

抑圧され、迫害され、虐待され、追放された、過去の数世紀の悲しみなのだ。

詩的に過ぎるだろうか。

そうではない。答えが見つからない。問いかけをしているだけだ。

『愛』寄 1920

■人間嫌いの少年

驚いたことがある。少年たちの一人、自制心のある、大人びた冷淡さを持つ、自分のなかに閉じこもりがちな人間嫌いの少年が、急に私に心を開き、私の冗談に最初に反応して笑うようになり、道をつけながら、みんなの前を歩くようになり、私の言いたいことを先回りして察するようになったのだ。

それは明らかに、自分の行為に注目してもらいたいと思ってのことであり、やり方は上手ではなかった。それはかなり長い間続いた。私は不快だったが、表情には出さなかった。

ようやくその子どもが私に、自分の弟を孤児院に入れて欲しいと頼んできたとき、涙がこみ上げてきた。かわいそうに。どれほど努力したことだろう。本来の自分ではない自分をあんなに長い間、演じていたのだ！

『愛』寄 1920

■その子はまだ、あきらめていない

罪を犯した子どもも、子どものままである。

この点は、一秒たりとも忘れるべきではない。

その子はまだ、あきらめていない。

その子はまだ〝なぜなのか〟がわからずに驚いている。

「理論か実践か」 1925

■子どもが嘘をつくのはどんなときか

子どもたちが嘘をつくのは、恐れているとき、
真実が明るみに出ないことを知っているときだ。
子どもたちが嘘をつくのは、彼らが恥ずかしいと思うときだ。
子どもたちが嘘をつくのは、彼らが言いたくない、あるいは言えない真実を
あなたが言わせようとするときだ。
子どもが嘘をつくのは、その必要があると、彼らが思うときだ。……

『愛』寄 1920

■子どもたちが盗みをするのはなぜか

子どもは、我慢できないくらいに強く何かがほしいと思うとき、盗みをする。
何かが非常にたくさんあるとき、つまり一つぐらい取ってもいいとき、盗みをする。
持ち主がわからないとき、盗みをする。
自分が盗まれたとき、盗みをする。
必要であるとき、盗みをする。

そそのかされたとき、盗みをする。

『愛』寄 1920

■もしだれかが罪を犯したなら

（孤児院内仲間裁判前文）

もしだれかが罪を犯したなら、一番よいことは、その子を許すことだ。

もしその子が知らないで罪を犯したなら、今はもうすでにその子はわかっている。

もしその子がうっかり罪を犯してしまったなら、その子はより慎重になるだろう。

もしその子が、それを別のやり方でやることに慣れていなくて罪を犯してしまったならば、慣れるよう努力するだろう。

もし仲間にそそのかされて罪を犯すようになったのであれば、その子はもうそれ以上彼のいうことを聞かなくなるだろう。

もしだれかが罪を犯したなら、その子が直ることを期待して、許すことだ。

『愛』孤 1920

■子どもには、嘘をついてしまう権利がある

「子どもには、罪を犯させるがよい」

私たちはあらゆる行動を予防しようなどとは思わない。子どもが迷っていたら、道を

教えてやればいい。つまずいたら、助けに飛んで行けばいい。最もつらい心の戦いのとき、私たちがそばにいなくてもだいじょうぶということを覚えておくべきだ。

……

「子どもには、罪を犯させるがよい」

なぜなら、子どもが子ども時代に間違いを犯さず、いろいろな世話や保護を受けて、誘惑との戦いも経験しないとすれば、その子どもは道徳を守ることにおいて、消極的な人間になってしまう。罪を犯す可能性がなかったため、積極的に道徳を守るのではなく、強力な抑圧の原理のおかげで道徳を守る人間になってしまう。

子どもに次のように言ってはいけない。

「私は、罪が大嫌いだ」

次のように言うべきだ。

「私は、君が罪を犯したことを驚いてはいない」

覚えておきなさい。

子どもには、嘘をついてしまったり、ずるい手段で手にいれてしまったり、無理矢理とってしまったり、盗んでしまったりする権利がある。子どもには、嘘をついたり、ずるい手段で手に入れたり、無理矢理とったり、盗む権利はない。……

『愛』寄 1920

■子どもが秘密を持つことを許しなさい

子どもが秘密を持つことを許しなさい。

「知っています。でも言いません」という権利を、あなたが子どもに与えるなら、子どもは「知らない」といって嘘をつくことはしなくなる。

『愛』寄　1920

■子どもに間違うこと、正すことを許しなさい

子どもに、間違いを犯すこと、そして喜んで自ら正す道へと向かうことを許してやりなさい。

……あなたが誠実で、打算のない、おとなしい自分の子どもたちをかくも愛しているのは、彼らが世の中でつらい思いをするであろうことを、あなたが知っているからではないだろうか。

しかし、虚偽がまかり通る道を知らなければ、真理への愛はあり得ないのではないだろうか。人生が恥知らずの拳で理想を打ち砕くとき、突然、覚醒が訪れることを、あなたは本気で望んでいるのか。そのとき、あなたの最初の嘘を知ったあなたの生徒は、直ちにあなたのすべての真理を信じることをやめてしまうのではないだろうか。

人生が牙を求めているのに、私たちは子どもたちを羞恥の赤面や、静かなため息だけ

で武装させておいてよいものだろうか。

あなたの義務は、羊ではなく、人間を育てることだ。伝道者ではなく、労働者を育てること、健全な体のなかに健全な精神を育てることだ。

健全な精神は感傷的ではない。犠牲になることを好まない。偽善が私を不道徳だと言って非難するなら、それは私の望むところだ。

『愛』寄　1920

■子どもが過失を犯すのは

子どもが過失を犯すのは、
知らなかったからであり、
考えてこなかったからであり、
誘惑や唆しに耐えることができなかったからであり、
試したからであり、
別の方法でできなかったからだ。

「理論か実践か」　1925

■罪を犯した子どもには、愛情が必要だ

何かの約束違反や失敗には、辛抱づよい友人のような寛容さで十分だ。
罪を犯した子どもには、愛情が必要だ。
彼らが怒ったり、荒れたりするのは、もっともなことだ。
平板な徳に対してなぜ彼らが無礼に振まうのか、心から理解してやるべきであり、
たった一人で罪をかぶっている彼らと、連帯すべきだ。
今すぐにではないとしても、
その子に微笑みの花束を贈ることができるのは、いつのことだろう。

『尊重』1929

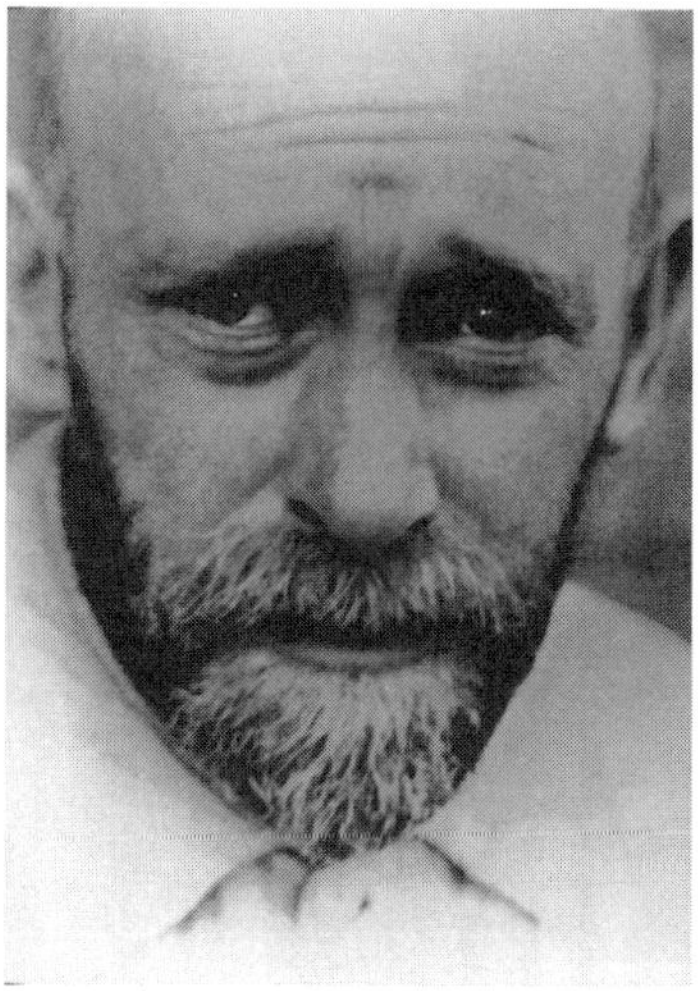

ヤヌシュ・コルチャック（1938年）

おわりに

子どもの権利条約国連採択（一九八九年）から、三〇年が経とうとしている。コルチャック先生が子どもの権利大憲章を掲げた著作『子どもをいかに愛するか』（一九一八年）が出版された年から百年が経った。この間大人たちは、子どもという人間と生きるためにどれくらい成長したのだろうか、子どもの話や意見をじっくり考えながら聞けるようになったのだろうか。本当の意味で成熟した大人になりつつあると、言えるのであろうか。

コルチャックに出逢って以来、私は何度も、ある国の政治家の発言に対する、彼の次のような主旨の言葉を繰り返し思いだしていた。「子どもは未熟だと言われる。しかし大人も未熟だ、だから武器を捨てられない」と。

しかし条約ができるということ自体に、歴史的前進はある。各国・各地に、この条約を根付かせようと努力する大人たちはいる。この条約の精神は「子どもの人間としての主体性をいかに発揮させうるのか」という方向に向かっており、そのゆえにこの精神に対する抵抗も大きい。なぜなら、大人の一方的な専制政治（ハードなものも、ソフトな仮面をかぶったものも）が長く続いた歴史があり、それを乗り越えるのは容易ではないからだ。子どもの権利の歴史は、他の社会的なグループの権利承認の歴史とともにはじまったが、それらさまざまな社会的人間グループが歴史的な自己実現と解放を果たそうとするなかで、実のところ子どもは、その実現がもっとも困難な人間主体なのだといえる。

コルチャックという、大人との共存を目指して、子どものためにその理論と実践を探究した人物を生み出したポーランドに、そして第二次世界大戦での最大・最悪の子ども犠牲者がもたらされたこの国に、二一世紀に入って子どもの権利オンブズマン制度が活動し始めた。大人の無関心や抵抗はここにもあるだろう。しかし、コルチャックの書いた『子どもをいかに愛するか』（一九一八）や『子どもの尊重される権利』（一九二九）などの出版と普及に、このオンブズマン庁が自ら努力している。どの

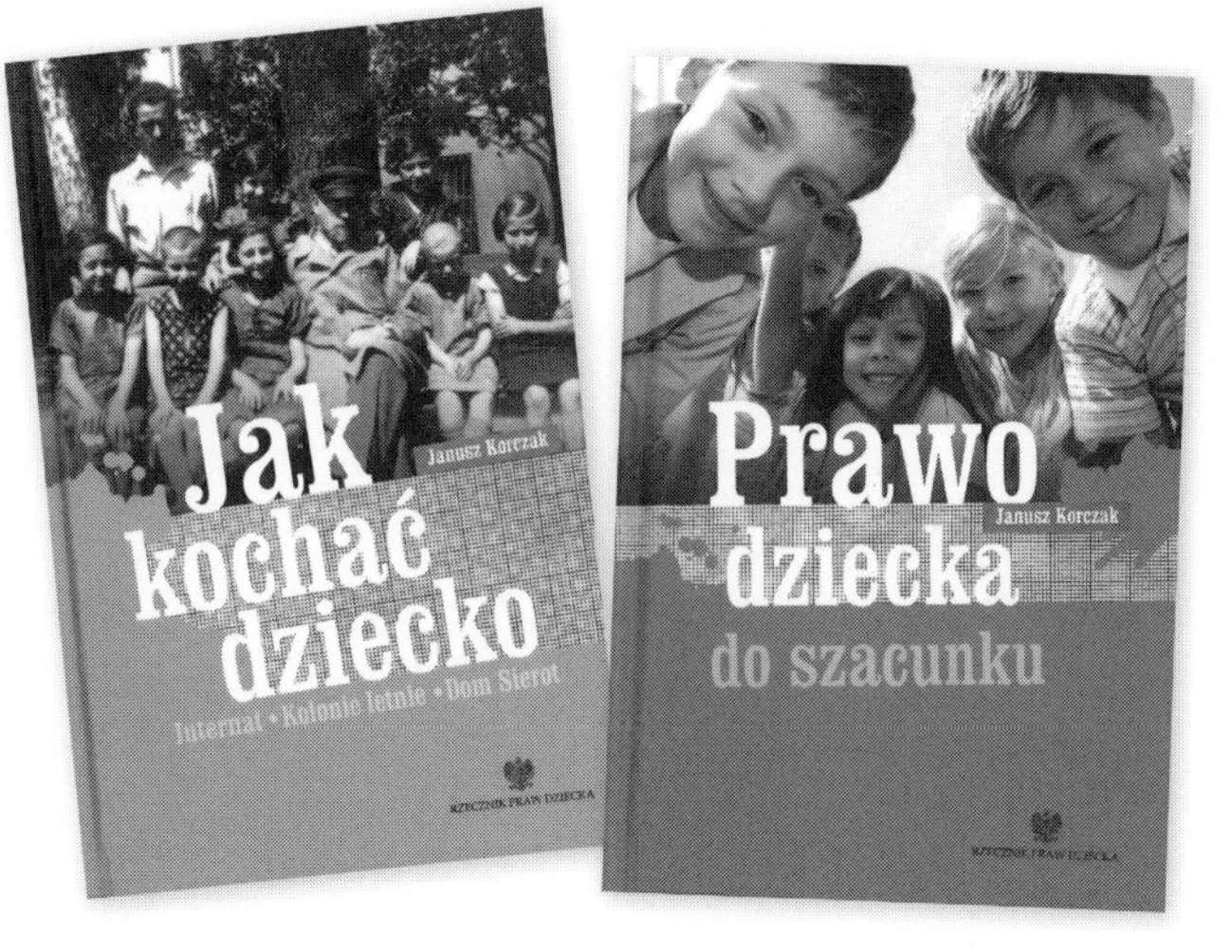

ポーランド子どもオンブズマン庁発行のコルチャック著作
（左）『子どもをいかに愛するか』（2013　ワルシャワ）
（右）『子どもの尊重される権利』（2012　ワルシャワ）

省庁からも独立しており、この庁のオンブズマンになれる条件の一つが、子どものため、または子どもと接する仕事経験が少なくとも五年あること、そして就任時には、「子どもの権利保障」を自らの任務のひとつとして「厳格に宣誓」することになっている（以上、二〇〇〇年オンブズマン法）。

現任オンブズマンは、ポーランドに伝統的にあった「体罰」（家庭内暴力）容認の意識を、二期一〇年をかけて確実に低下させてきている。このDVの容認姿勢は、もはや過去の歴史になろうとしている（二〇一六年度オンブズマン報告）という。電話番号800121 2は、このオンブズマン庁に、子どもたちが大人たちを信頼して電話できる、全国共通の「子ども信頼電話」の番号である。

それぞれの国で、条約に確信を持ち、子どもの利益を守ろうとする人たちが活動しており、その在り方はもっと調査されてよい。しかし振り返ってみるに、我が国の制度・政策の展開は何と緩慢なことか。児童福祉法の理念に子どもの権利条約の精神を反映させることがはじまったのが、つい最近のことである。まだ、私たちのやることはたくさんありそうだ。子どもと共にやることが。

塚本智宏

二〇一八年三月　ポーランドツアーから帰国して

◇子どもの権利リスト（抄訳）

（1～14　1918-1920）

1　自由のマグナカルタ、子どもの権利、三つの基本的なもの。
⑴　子どもの死（生）に対する権利。
⑵　今日という日に対する子どもの権利。
⑶　子どもがあるがままで存在する権利。

2　子どもの早すぎる死に対する権利、人生のサイクルに対する権利、春が三度おとずれるか否かのサイクルの結末に対する権利。

3　一年のうちに初期体重の三倍になる赤ん坊には、休息に対する権利がある。また、瞬く間に心理的発達をやり遂げようとする道のりは、赤ん坊に忘れる権利を与える。

4　大人は子どもに、明日の人間という負担を強い、今日を生きる人間の権利を与えていない。

5　大人が子どもに広範なイニシアティヴを与える唯一の領域、遊びに対し、子どもには権利がある

6　子どもには、望み、願い、要求する権利があり、成長する権利と成熟する権利、また、その達成によって果実をもたらす権利がある。

7　子どもが賞賛を期待し、賞賛を受ける権利、うぬぼれさせてはならないが、その価値を認めるべきだ。自分に注目させるよう努力し、そのために自分のあらゆる長所や肯定的なものを利用する権利。

8　子どもは自分の悲しみや、自分の望み、そして質問について、大人に尊重を求める権利を持っている。

9　子どもには秘密を持つ権利がある。

10　「知っています。でも言いません」と言う権利。

11　子どもには、嘘をついてしまったり、ずるい手段で手にいれてしまったり、無理矢理とってしまったり、盗んでしまったりする権利がある。が、嘘をついたり、とったり、盗んだりする権利はない。

12 子どもには要求し、条件をつけてその条件つきで実際やるということ、またそうする権利を持っている。

13 子どもたちは集団生活と同時に個別に生活する権利を持っている。自らの知恵と労働で生活する権利を持っている。

14 子どもには、自分たちのさまざまな問題に対し、真摯な態度を取る権利があり、自分たちで公正に判断する権利がある。教育者の善なる意志とご機嫌に抗議する権利は、これまでなかった。

15 地球上の果実と富のその三分の一を受け取る権利。（1921）

16 書物に対する権利（1921）

17 大人と同等の権利（1922）

18 運動、食事、衣服、労働、医療、遊び、喜びの爆発に対する権利がある。（1922）

19 大人が子どもについて熟考し決断するに際して、子どもには自らの考えを述べ、そこに積極的に参加する権利がある……（1929）

20 子どもの母乳に対する権利（1929?）

◎ 尊重されて然るべき権利（1929）

・子どもが知らないということを尊重されよ！

・認識という活動を尊重されよ！

・失敗と涙を尊重されよ！

・子どもの財産と、子どもの見積もりを尊重されよ！

・成長の秘密を、そして、成長という重苦しい仕事からの逃避を尊重されよ！

・今という時間を、まさに今日という日を尊重されよ！

・そのおのおのの瞬間を尊重されよ！

◎ 尊重されよ、澄んだ目を、なめらかな肌を、若い力を、信じやすい心を。（1929）

◎ 敬意は払わないにせよ尊重されよ、真白く純粋で、清らかで澄んだ、聖なる子ども時代を！（1929）

◇本書の写真資料で参考にした写真集・文献・案内冊子

Maciej Sadowski（2012）, Janusz Korczak Fotobiografia

A.Lewin（1999）, Korczak znany i nieznay, Warszawa

Barbara Puszkin（2008）, Warszawa jest moja..., Warszawa

Jadwiga Binczycka（2004）, Janusz Korczak, 1878-1942, Warszawa

◇コルチャック先生の翻訳作品

1 ヤヌシュ・コルチャック著、中村妙子訳『子どものための美しい国』（王様マチウシ一世）晶文社 1998

2 ヤヌシュ・コルチャック著、近藤康子抄訳『王様マチウシI世』女子パウロ会 1992

3 ヤヌシュ・コルチャック著、近藤康子抄訳『もう一度子供になれたら』図書出版社 1993

4 ヤヌシュ・コルチャック著、塚本智宏訳「子どもの権利の尊重」『季刊教育法』92号 1993

5 ヤヌシュ・コルチャック著、「誰が教育者になることができるか」（A．フリットナー／H．ショイアール編 石川道夫訳『教育学的に見ること考えることへの入門』玉川大学出版部 1994 所収）

6 ヤヌシュ・コルチャック著、大井数雄訳『マチウシI世王』影書房 2000

7 ヤヌシュ・コルチャック著、サンドラ・ジョウゼフ編著、津崎哲雄訳『コルチャック先生のいのちの

言葉』明石書店　２００１

8 コルチャックの論文「子どもによる教育者の教育」「理論と実践」など。塚本智宏「コルチャック先生の教育者教育」―著作からの抜粋・論文集―『名寄市立大学紀要』1号　２００７

9 ヤヌシュ・コルチャック著、塚本智宏／鈴木亜里共訳『教育の瞬間』『名寄市立大学紀要』2号　２００８

◇その他、絵本、物語など

10 井上文勝著『子どものためのコルチャック先生』ポプラ社　２０１０

11 トメク・ボガツキ作、柳田邦男訳『コルチャック先生―子どもの権利条約の父』講談社　２０１１

12 イヴォナ・フミェレフスカ著、田村和子／松方路子共訳『ブルムカの日記―コルチャック先生と12人の子どもたち―』石風社　２０１２

13 フィリップ・メリュ著、高野優ほか訳『コルチャック先生　子どもの権利を求めて』汐文社　２０１５

14 タミ・シェム＝トヴ著、樋口範子訳『ぼくたちに翼があったころ―コルチャック先生と一〇七人の子どもたち―』福音館書店　２０１５

15 カーリン・ストッフェルズ著、大川温子訳『モイシェとライゼレ』未知谷　２００２

16 映画　アンジェイ・ワイダ監督『コルチャック先生』ＤＶＤ発売　２０１３

◇コルチャック年譜　＊年表は以下の3著作・論文を参考に作成。

1. Maria Falkowska, Kalendarz zycia, dzialalnosci i tworczosci Janusza Korczaka, 1989,Warszawa.
2. Maria Falkowska, Calendar of Life and Work of Janusz Korczak,"Dialogue and universalism", No. 9-10/1997, 181-187pp.,
3. Aleksander Lewin, The Wanderings of Ideas or a Model of Humanity? "Dialogue and universalism", No. 9-10/1997, 11-24pp.

1878（1879）年	帝政ロシア領ポーランド、ワルシャワに生まれる
1891年	ギムナジア入学
1896年	父の死
	作家としてデビュー、ペンネームは〝ヤヌシュ・コルチャック〟
1898年	ギムナジア卒業。ロシア帝国ワルシャワ大医学部入学
1901年	最初の小説「街頭の子ども」を発表
1904年	「サロンの子ども」の断章を執筆開始　夏季コロニー（サマーキャンプ）にボランティア参加
1905年	小児科病院勤務。　ロシア革命　6月、露日戦争に従軍予備医として召集
1907年	夏季コロニー（サマーキャンプ）教育ボランティアに参加
1907－11年	ベルリン（一年）、パリ（半年）、ロンドン（一ヶ月）へ医学留学
1911年	小児科医としての職を辞す
1912年	クロフマルナ「孤児の家」（ドム・シェロット）が運営開始、コルチャックが孤児院院長
1914年	第一次世界大戦が勃発し、大尉として軍隊召集。ポーランドの経済危機深刻化
1917年	ロシア二月革命、十月革命
1918年	ポーランド独立、ワルシャワ帰還、「孤児の家」での仕事を再開
	『子どもをいかに愛するか』（家庭の子ども編）出版

1919年	家庭医の仕事再開。孤児院の「私たちの家」（ナシ・ドム）での仕事を兼任 遅進児教育国立教員養成所に雇われ、寄宿学校の教育学を講義
1920－25年	『王様マチウシ一世』1922年、『孤島の王様マチウシ』1923年出版 『もう一度子どもになれたら』1925年
1924年	国際連盟ジュネーブ「子どもの権利宣言」
1926年	子ども向けの新聞「小評論」を創刊、1930年6月までその編集に携わる
1929年	『子どもの尊重される権利』、『子どもをいかに愛するか』（第二版、補充版）
1934年	「老博士」の名で、子どものためのラジオ番組に出演　パレスチナ訪問
1939年9月	ナチス・ドイツ軍がポーランド侵攻開始
1940年11月	「孤児の家」はゲットーへ強制移動
1941年10月	孤児院はゲットー内で再度移動
1942年5月	「ゲットー日記」を執筆開始
1942年7月18日	孤児院での最後の演劇上演
1942年7月22日	コルチャックの誕生日、「ユダヤ人東方移動」の開始日
1942年8月6日	コルチャックとヴィルチンスカ、200人の子どもたち、そして孤児院のスタッフは貨物移送所ウムシュラグプラッツに連行され、貨車でトレブリンカ（絶滅収容所）へ
1957－58年	最初のコルチャック選集出版（ポーランド）
1959年	国連で「子どもの権利宣言」
1978－79年	ユネスコによる国際的なコルチャック年の設定（コルチャック生誕百周年） コルチャック選集（4巻本）出版。各国でコルチャック選集の編集出版が始まる
1979年	国際コルチャック協会設立
1989年	国連で「子どもの権利条約」採択
1989－1990年	ポーランド第三共和制へ体制転換
1992年	コルチャック全集（全16巻）の刊行開始（～2019終了予定）

1930年代　孤児院ナシ・ドム

著書略歴

塚本智宏（つかもとちひろ）

１９５５年　北海道生まれ

１９８６年　北海道大学大学院教育学研究科博士課程終了、教育学博士

現　在　東海大学札幌キャンパス教授

専　門　ロシア・ポーランド教育史、子ども史専攻

ロシアの教育制度・政策史研究が出発点であるが、近年はコルチャックという人物・思想・言葉に魅了され、コルチャック研究に重点をおきつつ、二〇世紀前半子どもの権利史研究をすすめている。

主な論文著作・翻訳

『コルチャック　子どもの権利の尊重』（２００４）子どもの未来社

「地下学校の教師―19世紀後半―20世紀初頭ロシア帝国領ポーランドの教育―」松塚他編『教師の比較社会史』（２００６）昭和堂

「ヤヌシュ・コルチャックの子ども・教育思想の歴史的形成（１８９０―１９２０年代）」『名寄市立大紀要』第4号（２０１１）

「１９２４年ジュネーブ宣言の成立と子どもの権利」『子どもの権利研究』28号（２０１８）

「コルチャックの子どもの権利思想の形成とジュネーブ宣言」『子どもの権利研究』29号（２０１８）

〝子どもに〟ではなく〝子どもと〟
コルチャック先生の子育て・教育メッセージ

2018年5月30日　発行
2021年2月20日　2刷発行

著　者　塚本智宏

発行者　坪井圭子

発行所　有限会社　かりん舎
札幌市豊平区平岸三条九丁目二-五-八〇一
TEL　〇一一-八一六-一九〇一
FAX　〇一一-八一六-一九〇三

ISBN 978-4-902591-30-9